XXIX° PÈLERINAGE DE PÉNITENCE

A JÉRUSALEM

à bord du vapeur "L'ÉTOILE"

JÉRUSALEM

SAINT-JEAN D'ACRE — CAIFFA — NAZARETH — TIBÉRIADE

SAMARIE — RHODES — CONSTANTINOPLE

ATHÈNES — NAPLES — POMPÉI ET ROME

10 mai 1905 — 20 juin 1905

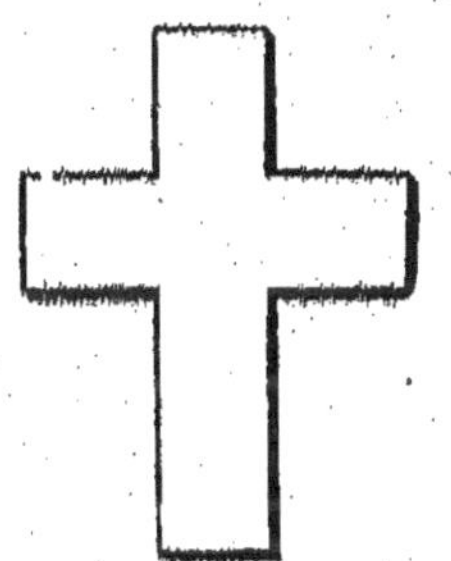

SECRÉTARIAT DU COMITÉ DES PÈLERINAGES EN TERRE SAINTE

129, RUE DE L'UNIVERSITÉ, 129

PARIS

1905

XXIX° PÈLERINAGE DE PÉNITENCE

A JÉRUSALEM

à bord du vapeur "L'ÉTOILE"

JÉRUSALEM

SAINT-JEAN D'ACRE — CAIFFA — NAZARETH — TIBÉRIADE
SAMARIE — RHODES — CONSTANTINOPLE
ATHÈNES — NAPLES — POMPÉI ET ROME

10 mai 1905 — 20 Juin 1905

SECRÉTARIAT DU COMITÉ DES PÈLERINAGES EN TERRE SAINTE
129, RUE DE L'UNIVERSITÉ, 129

PARIS

—

1905

ÉTAT-MAJOR

DE « L'ÉTOILE »

BERTEAUX (M. Léon), armateur, 6, rue Gaston de Saint-Paul, Paris.

GUFFLET (M. Gustave), commandant.

BRESSON (M.), capitaine.

HARDOUIN (M. le Dr).

BÉVÉRINI (M.), 1er lieutenant.

RONDEAU (M.), 2e lieutenant.

CABEL (M. P.), chef mécanicien.

JOURDAN (M.), 2e mécanicien.

VERSE (M.), 3e mécanicien.

XXIXᵉ PÈLERINAGE DE PÉNITENCE

A JÉRUSALEM

COMITÉ DES PÈLERINAGES DE TERRE SAINTE

R. P. Supérieur de Notre-Dame de France, *président.*

Mᵍʳ VIVIEN, ancien vicaire général, Camérier secret de Sa Sainteté.

PIELLAT (M. le comte de), Commandeur du Saint-Sépulcre et de Saint-Grégoire, à Jérusalem.

T. C. FR. ÉVAGRE, Provincial des Frères des Écoles chrétiennes, ✠.

R. P. GERMER-DURAND, ✠, *secrétaire.*

R. P. Économe de Notre-Dame de France, *trésorier.*

M. TARDIF DE MOIDREY, ✠, Commandeur du Saint-Sépulcre, *secrétaire pour la France.*

ABBADIE (R. P. Dominique), religieux Bénédictin, rue Desplat, à Pau, Basses-Pyrénées.

ANCEY (Mme), 18, rue Charles Nodier, à Besançon, Doubs.

ANSEMBOURG (M. René d'), 15, rue du Trône, à Bruxelles, Belgique.

ARROBAS (Mme Héléna), 35, rue du Desterro, 1° Esquerdo, à Lisbonne, Portugal.

AUDY (M. Louis), 23, rue de l'Hôtel-de-Ville, à Pontoise, Seine-et-Oise.

AVILLEZ (Mme Dona Francisca d'), château de Biscainhos, à Braga, Portugal.

BEIGNIER (M. Pierre-Louis-Henri, notaire honoraire, à Rosières, Haute-Loire.

BELMOR (Mme Vve), à Balançon, par Thervay, Jura.

BENOIT (Fr.), religieux Bénédictin, à Dongelberg, par Incourt, Belgique.

BIDAUT (Mlle), 2, place Gambetta, Paris.

BIDAUT (M.), 2, place Gambetta, Paris.

BODART (Mlle J.), à Onville, Meurthe-et-Moselle.

BOLSIUS (M. l'abbé), recteur de la Maison de charité, à Rosmalen, Hollande.

BONNET (Mlle Marie), 4, rue Saint-Bruno, à Tournai, Belgique.

BOUCHER (Mme Louis), 20, rue de Lémery, à Rouen, Seine-Inférieure.

BOUCHER (M. Louis), docteur en médecine, 20, rue de Lémery, à Rouen, Seine-Inférieure.

BOUDESSEUL (M. l'abbé), vicaire à Montjean, par Loiron, Mayenne.

BOUET (Mme Charles), château de La Gravade, par Layrac, Lot-et-Garonne.

BOUET (M. Charles), ancien magistrat, château de La Gravade, par Layrac, Lot-et-Garonne.

BOUNHOL (M. l'abbé), vicaire, à Rignac, Aveyron.

BOURET (Mlle Marie), propriétaire, à Aouste, par Rumigny, Ardennes.

BRESSIEUX (Mme la B^onne de), château de Lamivoie, par Nogent-sur-Vernisson, Loiret.

BRESSY (M. Camille), à Monteux, Vaucluse.

BRIZARD (M. l'abbé, vicaire à Saint-Louis, à Grenoble, Isère.

BROCHET (M. l'abbé Honoré), Belgique.

BRUN (Mlle Claudine), à Montbrison, Loire.

BULARD (Mlle Louise), 1, place Duroc, à Pont-à-Mousson, Meurthe-et-Moselle.

BURTIN (Mlle Marguerite), 13, chemin Schaub, à Genève, Suisse.

CABRAL (M. José-Mendonça-Gouveia), 148, rua da Boavista, à Porto, Portugal.

CARTELLIER (Mlle Emmannuelle), Le Château, par Beaujeu, Rhône.

CARTELLIER (M. Louis), Le Château, par Beaujeu, Rhône.

CAUSANS (M. René de), Belgique.

COGGIA (M. l'abbé Antonin), 157 *bis*, rue de l'Université, à Paris.

CHAVAUDRET (M. J.), route de Seure, à Beaune, Côte-d'Or.

CHEIZE (M. l'abbé), vicaire, à Dornas, Ardèche.

COILLÉE (Mme Vve), 53, rue de Bar-le-Duc, à Ligny-en-Barrois, Meuse.

CONIGLIO (Mlle Nathalie), 30, avenue Félix-Faure, à Menton, Alpes-Maritimes.

CORIGNET (M. l'abbé), vicaire à Groix, Manche.

DAIRE (Mlle Martine), 64 bis, rue Mozart, Paris.

DARQUÉ (Mme), 7, villa du Bel-Air, Paris.

DARQUÉ (M.), 7, villa du Bel-Air, Paris.

DAVAINE (M. l'abbé), 12, rue des Porchelets, à Valenciennes, Nord.

DEBRUS (M. l'abbé), vicaire à Sainte-Anne, à Montpellier, Hérault.

DECHAUME (M.), 161, boulevard Haussmann, Paris.

DELABROUSSE (M. Léon), 4, rue Bruyère, Le Mans, Sarthe.

DELIGNIÈRES (Mlle Marguerite-Marie), 3, rue des Grandes-Écoles, à Abbeville, Somme.

DOLLÉ (M. l'abbé), à Grottaferrata, près Rome, Italie.

DOUBLET (Mlle Charlotte), 20, rue Pasteur, à Caen, Calvados.

DREVAUX (M. l'abbé), curé à Fou-cherans, Jura.

DRUILHET (Mme A.), 5, rue Saint-Pierre, à Auch, Gers.

DUBIN (Mme Augustine), à Miélan, Gers.

DUBOIS (M. l'abbé), missionnaire, 6, rue Malherbe, à Nantes, Loire-Inférieure.

DUPONT (M. l'abbé), chanoine hono-raire, école Saint-François de Sales, Alençon, Orne.

DUPOUY (Mme Vve), à la Bourdette, par Lectoure, Gers.

DUPOUY (Mlle Alice), à la Bourdette, par Lectoure, Gers.

DUPUY (M. le chanoine Norberte), 22, via dei Mille, à Rome, Italie.

DURAND (M. Henri), 21, rue de Paris, à Livry, Seine-et-Oise.

ÉVRARD (M.), à Rome, Italie.

FAUCHIER (Mme Paul), cours Pour-toules, à Orange, Vaucluse.

FAUCHIER (M. Paul), notaire hono-raire, cours Pourtoules, à Orange, Vaucluse.

FONTAINE (M. l'abbé), curé à Hézin, Nord.

FRANÇOIS (Mlle Louise), 22, avenue de Clichy, à Clichy, Seine-et-Oise.

FURGOLE (M. l'abbé de), curé de Vignaux, par Cadours (Haute-Garonne).

GABRIAC (Mlle Marguerite de), 11, rue Palissy, à Agen, Lot-et-Garonne.

GALOT (M. Maurice), 68, rue de la Bastille, à Nantes, Loire-Infér.

GARRETT-CORRÉA (Mme Maria-Luisa de Almeida), rua de Cédofeida, n° 718, à Porto, Portugal.

GARRETT-CORRÉA (Mme Maria de Almeida), rua de Cédofeida, n° 718, à Porto, Portugal.

GAUBY (M. Émile), à Monteux, Vau-cluse.

GÉRARD (Mme Vve Henri), 31, rue des Marius, à Châteauroux, Indre.

GÉRAUD (Mme), 3, rue de Bagneux, Paris.

GÉRAUD (Mlle), 3, rue de Bagneux, Paris.

GÉRAUD (M. André), 3, rue de Ba-gneux, Paris.

GERMAINE (Sœur), à la Fyère, par Corrèze, Corrèze.

GODET (M. l'abbé), chanoine titu-laire, curé de Saint-Vincent, à Sidi-Bel-Abbès, Oran, Algérie.

GODET (M. Jean-Victor), à Rome, Italie.

GOIX (Mlle), 20, rue d'Aubervilliers, Paris.

GRACH (M. Pierre), allée de Frascati, à Verfeil, Haute-Garonne.

GUILLEMIER (Mlle Aurélie), route de Seurre, à Beaune, Côte-d'Or.

HAMEL DE CAUCHY (M. le général du), 8, rue d'Inchy, à Cambrai, Nord.

HARDOUIN (M.), docteur en médecine, 4, rue Nationale, à Rennes, Ille-et-Vilaine.

HONORE (Mlle Victorine), à Fontaine-lès-Grenoble, Isère.

HULTGEN (R. P.), recteur de Saint-Joseph, à Tiffin, Ohio, Amérique.

HUMILIÈRE (Mme Vve Alphonse), à Anoux, par Briey, Meurthe-et-Moselle.

JACQUIN (M. l'abbé), curé de Grégy, par Brie-Comte-Robert, S.-et-O.

JEAN (M. Antonin), à Saint-Fulgent, Vendée.

JOHN TUOHILL (R. P.), Prior Park, à Bath, Angleterre.

JOURJON (Mme Vve), 17, rue de Montebello, à Saint-Etienne, Loire.

LAJOYE (M.), 13, rue Saint-Ruinart, à Reims, Marne.

LAMBRY (Mme Daniel), à Courtenay, Loiret.

LAMBRY (M. Daniel), notaire honoraire, à Courtenay, Loiret.

LATAULADE (Mme la B^{nne} de), château de Saint-Cricq-Chalosse, par Hagetman, Landes.

LATAULADE (M. le B^{on} de), château de Saint-Cricq-Chalosse, par Hagetman, Landes.

LATRILLE (Mme), à Solignac, Haute-Vienne.

LATRILLE (Mlle), à Solignac, Haute-Vienne.

LATRILLE (Mlle), à Solignac, Haute-Vienne.

LEBOURLIEU (Mlle Marie), 34, rue Saint-Dominique, Paris.

LE BRUN DE SESSEVALLE (M. Louis), 161, boulevard Haussmann, Paris.

LECHAT (Mme Berthe), 65, rue de Cazault, à Alençon, Orne.

LE FUR (R. P. Rupert), religieux Bénédictin, Angleterre.

LEMAY (M. l'abbé Julien), vicaire à Notre-Dame de la Couture, 18 *bis*, rue du Mouton, Le Mans, Sarthe.

LENGLIN (Mlle Marie), à Sainte-Catherine-lès-Arras, Pas-de-Calais.

LESCUYER (Mlle Marie), 11, rue de Châteaudun, Paris.

LIAGRE (M. Edouard), 72, rue de la Bassée, à Lille, Nord.

LUXEMBOURGER (Mme Nicolas), 23, rue du Pot-d'Etain, à Boulogne-sur-Mer, Pas-de-Calais.

LUXEMBOURGER (M. Nicolas), 23, rue du Pot-d'Etain, à Boulogne-sur-Mer, Pas-de-Calais.

LUTZ (M. l'abbé, curé de Rentenbourg, par Maursmunster, Allemagne.

MACHY (M. Eugène de), 1, rue Millevoye, à Abbeville, Somme.

MACHY (M. Eugène de), 1, rue Millevoye, à Abbeville, Somme.

MAIRESSE (Mme de), née de Montaignac, 80, Grande-Rue, à Bourg-la-Reine, Seine.

MAGNE (Mlle Marie), 6, rue Graffin, à Livry, Seine-et-Oise.

MAHEAS (Mlle Lucie), au Tertre, à Etables, Côtes-du-Nord.

MAJOREL (M. l'abbé Paul), vicaire à Saint-Amans, à Rodez, Aveyron.

MARCELIN (Fr.), religieux Capucin, Le Mans, Sarthe.

MARIE DE JESUS (Mme), à Porto, Portugal.

MASSEROT (Mme Georgette), 31, rue Saint-Dominique, Paris.

MASSOUYE (M. l'abbé), prêtre en retraite, avenue Victor-Hugo, à Lavaur, Tarn.

MÉNÉTRÉ (Mlle Marie-Elvina), à Rougemont-le-Château, territoire de Belfort.

MIQUEL (Mlle Marie), rue Saint-Gauzi, à Caussade, Tarn-et-Garonne.

MONTAY (Mlle J.), à Villereau, par Le Quesnoy, Nord.

MORAND (M. François), propriétaire à La Dréchais, Pont-Château, Loire-Inférieure.

MOREL (Mlle Joséphine), 22, avenue de Clichy, à Livry, Seine-et-Oise.

MOULIS (Mme), 8, rue du Palais, à Montpellier, Hérault.

MOULIS (M.), docteur en médecine, 8, rue du Palais, à Montpellier, Hérault.

MOUQUET (M. l'abbé), vicaire à Notre-Dame, 28, rue de Rivoli, à Fives-Lille, Nord.

MOURET (M. l'abbé), curé de Ternay, par Saint-Symphorien-d'Ozon, Isère.

NÉTUMIÈRES (M. Paul des), château de la Montagne, par La Guerche-de-Bretagne, Ille-et-Vilaine.

OLIVIERA (M. le chanoine Jéronymo José d'), 22, via dei Mille, à Rome, Italie.

PAÇO DE NESPEREIRA (Mme la Vsse du), château de Biscainhos, à Braga, Portugal.

PELLERIN (M. André), 40, rue de Strasbourg, à Nantes, Loire-Inférieure.

PELLETIER (Mlle Jeanne-Claire), 9, place Sainte-Croix, à Orléans, Loiret.

PIMONT (Mmes), 7, quai du Havre, à Rouen, Seine-Inférieure.

PLANTIN (M. l'abbé), vicaire, à Rosières, Haute-Loire.

PLESSIER (M. V.), 20, rue des Béguines, à Vendôme, Loir-et-Cher.

PONÉ (M. l'abbé), curé de Castelnau-Rivière-Basse, Hautes-Pyrénées.

POUGIAT (Mlle Rosalie), 8 bis, rue Brissonnet, à Troyes, Aube.

POUZOLS (Mme Marie), à Miélan, Gers.

RACT (M. Marie-Alphonse), à Rome, Italie.

RAOUX (Mme), rue Saint-Augustin, à Sidi-Bel-Abbès, Oran, Algérie.

RAYMOND (Mme Marie), 20, rue Saint-Cyr, à Marly-le-Roi, Seine-et-Oise.

REMY (Mlle Eugénie), 10, rue des Maréchaux, à Nancy, Meurthe-et-Moselle.

ROCHECHOUART (Mme la Csse de), 31, rue Saint-Dominique, Paris.

ROSSIGNOL (M. l'abbé), aumônier de l'orphelinat Saint-Joseph, 24, rue Eugène-Ténot, à Tarbes, Hautes-Pyrénées.

ROUILLET (Mme), 26, rue Marceau, à Chartres, Eure-et-Loir.

SAINT-JAYME (Mme Fr. de), à Saint-Palais, Basses-Pyrénées.

SEJOURNE (R. P.), Dominicain, couvent de Saint-Etienne, à Jérusalem, Palestine.

SERPA-PINTO (Mme Amélia de), rue du Desterro, n° 33, 1° Esquerdo, à Lisbonne, Portugal.

SIMOES-SARRICO (M. Antonio), à Aveiro, Portugal.

SIMONNET (M. l'abbé), curé à Brienne, par Neufchâtel, Aisne.

SOREL (Mlle Marie), 15, chaussée des Etats-Unis, Le Havre, Seine-Inférieure.

SOUVESTRE (M. l'abbé), orphelinat Saint-Joseph-Sainte-Radegonde, à Tours, Indre-et-Loire.

TAPIN (Mlle Marie-Louise), à Saint-Mandé, Seine.

TEREYGEOL (Mme), à la Fyère, par Corrèze, Corrèze.

TERQUEM (Mme André), 12, rue des Grandes-Ecoles, à Abbeville, Somme.

TERQUEM (M. André), 12, rue des Grandes-Ecoles, à Abbeville, Somme.

THERY (M. Alban), 43, boulevard de Montebello, à Lille, Nord.

THUILLIER (Mlle Louise), 88, route de Rennes, à Nantes, Loire-Inférieure.

TOUZERY (M. l'abbé), maire de Saint-Saturnin, Aveyron.

TROTIN (Mme), 38, quai Henri IV, Paris.

VABRE (M. l'abbé), à Vabres, Aveyron.

VALLOIS (M. Jules de), 5, place Dumoustier, à Nantes, Loire-Inférieure.

VAN DER MEYDEN (M. l'abbé), curé, à Berlicum-les-Bois-le-Duc, Hollande.

VERNER (Mme), à Rome, Italie.

VERNOIS (Mlle Eugénie), 16, rue Gambetta, à Asnières, Seine.

VICTORIN (M. l'abbé), 48, avenue Bosquet, à Paris.

VIEUVILLE (M. Charles de la), château de la Gazoire, par Nort-sur-Erdre, Loire-Inférieure.

VIGUIER (M. l'abbé), vicaire à Coupiac, Aveyron.

VINCENT (Sœur), religieuse du Bon-Secours de Troyes, rue Saint-Augustin, à Sidi-Bel-Abbès, Oran, Algérie.

WATHLET (Mme Jeanne), à Léglise, par Lavaux, Belgique.

WAUTOT (Mlle), 110, avenue Dauphine, à Orléans, Loiret.

WATEAU (Mlle Gabrielle-Marie), à Gironsart, par Vervins, Aisne.

LISTE DES PÈLERINS

PAR DÉPARTEMENTS

Aisne.

Simonnet (M. l'abbé).
Wateau (Mlle).

Alpes-Maritimes.

Coniglio (Mlle).

Ardèche.

Cheize (M. l'abbé).

Ardennes.

Bouret (Mlle).

Aube.

Pougiat (Mlle).

Aveyron.

Bounhol (M. l'abbé).
Majorel (M. l'abbé).
Touzery (M. l'abbé).
Vabre (M. l'abbé).
Viguier (M. l'abbé).

Basses-Pyrénées.

Abbadie (R. P.).
Saint-Jayme (Mme de).

Calvados.

Doublet (Mlle).

Corrèze.

Sœur Germaine.
Téreygeol (Mme).

Côte-d'Or.

Chavaudret (M.).
Guillemier (Mlle).

Côtes-du-Nord.

Mahéas (Mlle).

Doubs.

Ancey (Mme).

Eure-et-Loir.

Rouillet (Mme).

Gers.

Dubin (Mme).
Dupouy (Mme Vve).
Dupouy (Mlle A.).
Druilhet (Mme A.).
Pouzols (Mme).

Haute-Garonne.

Furgole (M. l'abbé de).
Grach (M.).

Haute-Loire.

Beignier (M. P.).
Plantin (M. l'abbé).

Hautes-Pyrénées.

Pomé (M. l'abbé).
Rossignol (M. l'abbé).

Haute-Vienne.

Latrille (Mme).
Latrille (Mlle).
Latrille (Mlle).

Hérault.

Debrus (M. l'abbé).
Moulis (Mme).
Moulis (M. le D^r).

Ille-et-Vilaine.

Hardouin (M. le D^r).
Nétumières (M. P. de).

Indre.

Gérard (Mme).

Indre-et-Loire.

Souvestre (M. l'abbé).

Isère.

Brizard (M. l'abbé).
Honoré (Mlle).
Mouret (M. l'abbé).

Jura.

Belmor (Mme).
Drevaux (M. l'abbé).

Landes.

Lataulade (B^{me} de).
Lataulade (B^{on} de).

Loir-et-Cher.

Plessier (M.).

Loire.

Brun (Mlle).
Jourjon (Mme).

Loire-Inférieure.

Dubois (M. l'abbé).
Galot (M.).
Morand (M.).
Pellerin (M.).
Thuillier (Mlle).

Vallois (M. J. de).
Vieuville (M. de la).

Loiret.

Bressieux (B^{me} de).
Lambry (Mme J.).
Lambry (M.).
Pelletier (Mlle).
Wautot (Mlle).

Lot-et-Garonne.

Bouet (Mme).
Bouet (M.).
Gabriac (Mlle de).

Manche.

Corignet (M. l'abbé).

Marne.

Lajoye (M.).

Mayenne.

Boudesseul (M. l'abbé).

Meurthe-et-Moselle.

Bodart (Mlle).
Bujard (Mlle L.).
Humilière (Mme).
Rémy (Mlle).

Meuse.

Coillée (Mme Vve).

Nord.

Davaine (M. l'abbé).
Fontaine (M. l'abbé).
Hamel (G^{al} du).
Liagre (M. E.).
Montay (Mlle).
Mouquet (M. l'abbé).
Théry (M. Alban).

Oran.

Godet (M. l'abbé).
Raoux (Mme).
Sœur Vincent.

Orne.

Dupont (M. le chanoine).
Lechat (Mme).

Pas-de-Calais.

Lenglin (Mlle).
Luxembourger (Mme).
Luxembourger (M.).

Rhône.

Cartellier (Mlle).
Cartellier (M.).

Sarthe.

Delabrousse (M. L.).
Debros (M. l'abbé).
Lemay (M. l'abbé).
Marcelin (Fr.).

Seine.

Bidaut (Mᶪᶪᵉ).
Bidaut (M.).
Coggia (M. l'abbé).
Daire (Mᶪᶪᵉ M.).
Darqué (Mᵐᵉ).
Darqué (M.).
Dechaume (M.).
Géraud (Mᵐᵉ).
Géraud (Mᶪᶪᵉ).
Géraud (M.).
Goix (Mᶪᶪᵉ).
Le Bourlieu (Mᶪᶪᵉ).
Le Brun de Sessevalle.
Lescuyer (Mᶪᶪᵉ).
Mairesse (Mᵐᵉ de).
Masserot (Mᵐᵉ).
Rochechouart (Cˢˢᵉ de).
Tapin (Mᶪᶪᵉ).
Trotin (Mᵐᵉ).
Vernois (Mᶪᶪᵉ E.).
Victorin (M. l'abbé).

Seine-Inférieure.

Boucher (Mᵐᵉ L.).
Boucher (M. le Dʳ).
Pimont (Mᵐᵉ).
Sorel (Mᶪᶪᵉ M.).

Seine-et-Oise.

Audy (M. L.).
Durand (M. H.).
François (Mᶪᶪᵉ L.).
Jacquin (M. l'abbé).
Magne (Mᶪᶪᵉ M.).

Morel (Mᶪᶪᵉ J.).
Raymond (Mᵐᵉ).

Somme.

Delignières (Mᶪᶪᵉ).
Machy (Mᵐᵉ de).
Machy (M. de).
Terquem (Mᵐᵉ).
Terquem (M.).

Tarn.

Massouyé (M. l'abbé).

Tarn-et-Garonne.

Miquel (Mᶪᶪᵉ).

Territoire de Belfort.

Ménétré (Mᶪᶪᵉ).

Vaucluse.

Bressy (M. C.).
Fauchier (Mᵐᵉ).
Fauchier (M.).
Gauby (M. E.).

Vendée.

Jean (M. A.).

ÉTRANGER

Allemagne.

Lutz (M. l'abbé).

Amérique.

Hultgen (R. P.).

Angleterre.

John Tuohill (R. P.).
Le Fur (R. P.).

Belgique.

Ansembourg (M. René d').
Benoit (Fr.).
Bonnet (Mlle).
Brochet (M. l'abbé).
Causans (M. R. de).
Wathlet (Mme).

Hollande.

Bolsius (M. l'abbé).
Van der Meyden (M. l'abbé).

Italie.

Dollé (M. l'abbé).
Dupuy (M. le chanoine).

Evrard (M.).
Godet (M.)
Oliviera (M. le chanoine d').
Ract (M.).
Verner (Mme).

Portugal.

Arrobas (Mme).
Avillez (Mme d').
Cabral (M. José).
Garrett-Corréa (Mme Maria).
Garrett-Corréa (Mme Julia).
Marie de Jésus (Mme).
Paço de Nespereira (V^sse du).
Simoès-Sarrico (M.).
Serpa Pinto (Mme de).

Suisse.

Burtin (Mlle M.).

Syrie.

Séjourné (R. P.).

IMPRIMERIE P. FÉRON-VRAU, 3 ET 5, RUE BAYARD, PARIS, VIIIᵉ